Little Heart

Juwelen der Liebe

Weisheisten aus
dem Sai Baba-Ashram

Geliebte Leser,
Dieses kleine Buch ist für jene gedacht,
die zum höheren Gewahrwerden der
göttlichen Einheit einige vedantische Lehren
suchen. Liebe, Licht und Segen!

Sai Ram

JUWELEN DER LIEBE

Weisheiten aus dem Sai Baba Ashram

LITTLE HEART

SILBERSCHNUR

Orginaltitel: Nine Gems of Love
erschienen bei The B.B.D. Power Press, Banglore, Indien

Aus dem Englischen von Eva Rath

ISBN 978-3-89845-181-9

1. Auflage 1996
2. überarbeitete Auflage 2007

Gestaltung und Satz: XPresentation, Boppard
Druck: Finidr, s.r.o. Cesky Tesin

Verlag "Die Silberschnur" GmbH • Steinstraße 1 • 56593 Güllesheim
Email: info@silberschnur.de • www.silberschnur.de

Widmung

Dieses kleine Buch
ist jenen gewidmet,
die den Pfad zur
strahlenden Sonne
der Erleuchtung
beschreiten wollen.

Vom Selbst

für das Höchste Selbst,
die Quelle aller Liebe.

»Om. Im Zentrum der Burg des
brahman, in unserem eigenen
Körper, gibt es einen kleinen
Schrein, der die Form einer
Lotosblüte hat, und darin kann man
einen kleinen Raum sehen.
Wir sollten herausfinden, wer
dort wohnt, und wir sollten
den Wunsch verspüren, ihn
kennen zu lernen.«

Chándogya-Upanishad

Inhalt

Ein Versprechen

»Und ich will mich dir
anverloben in Ewigkeit; ich
will mich dir anvertrauen in
Rechtschaffenheit und
Gerechtigkeit, in liebender
Freundlichkeit und
Barmherzigkeit, und ich will
mich dir anverloben im
Glauben, und du
wirst den Herrn erkennen.«
Hosea 2, 21 (Altes Testament)

Vorwort

Geliebte Leser,

Die Wahrheit ist klein, und vieles von dem, was in *Juwelen der Liebe* erwähnt wird, scheint eine Wiederholung zu sein, doch für den wahren Sucher ist es ein beständiger Mahner an die Schritte, die man unternehmen muss, wenn man nach oben steigt zu den Ebenen des höheren Bewusstseins und des Über-Bewusstseins.

Sai Ram

Little Heart

»Eine Stille des Geistes
überwindet alle guten und
schlechten Taten; und in der
Stille ist die Seele eins;
dann fühlt man die
Freude der Ewigkeit.«

Maitrí-Upanishad

1 Warum bist du nach Prashánti gekommen?

So bist du also gekommen, um Swami zu begegnen; und da du überwältigt bist von seiner göttlichen Liebe, die du in Seiner Gegenwart empfängst, möchtest du Ihn besser kennen lernen, Ihn näher an dich heranziehen und Seine Segnungen - spirituell oder materiell - erhalten.

Du sehnst dich nach Nähe und Geliebtwerden, doch es scheint, als versuchtest du, nur ein wenig über deinen Kopf zu greifen. Was ist also der Schlüssel zu all diesem? Es ist das Hinaufgehen bis zu jenem erhabenen höheren Bewusstsein mit seiner alles durchdringenden Liebe und Süße, mit seinem Licht und seiner Herrlichkeit. Um dieses zu erlangen, bist du nach Prashânti gekommen - nicht, um Zeuge von Materialisationen von Ringen, Uhren usw. zu sein, sondern um eins zu werden mit dem göttlichen Selbst.

Im Augenblick befinden wir uns auf der untersten Stufe. Lasst uns den aufwärts führenden Pfad untersuchen. Der Herr hat gesagt, die erste Stufe der spirituellen Übungen (sádhana) sei rechtes Handeln (dharma), das heißt, rechtes Verhalten im eigenen

Selbst und die Behandlung anderer auf die Weise, wie man selbst behandelt werden möchte. Bevor du nicht dieses Stadium - das die Grundlage allen Voranschreitens ist - erreichst, kannst du auf jenem spirituellen Pfad nach oben nirgendwohin gelangen. Rechtschaffenheit ist nichts, das man aus dem Boden ausgraben und dann vor sich hinstellen muss; sie ist die Grundlage jeder Gesellschaft.

Wie viele Kinder du hast, ihre und deine eigenen Talente, dein Geld, Name oder Ruf oder allgemeine Erwerbungen und nicht zuletzt dein individuelles Ego - das alles hilft dir nicht. Doch wenn du korrekt und rechtschaffen handelst, bringt dies Bescheidenheit hervor, eine äußerst kostbare Hilfe für den spirituellen Erfolg. Du bist zu diesem heiligen, geheiligten Ort (Prashânti Nilayam) gerufen worden, wo die Verkörperung des Herrn selbst ihren Wohnsitz hat. Du bist gerufen worden, um herauszufinden, WER DU BIST. Warum also sich mit dem ganzen anderen Gepäck beladen? Es wird dir nicht im Geringsten nützen. Komm ohne alles, was im Augenblick zu zählen scheint. Vergiss dein Ursprungsland (gewiss wurdest du in dem einen oder anderen Stadium schon in allen Ländern geboren). Lass deine persönlichen Komplexe und Eigenheiten sowie Vorlieben und Abneigungen gegenüber Menschen, Essen, Wohnen, Kleidung usw. fallen. Denn ob du dir dessen bewusst bist oder nicht: Du bist hergekommen, um deine eigene Göttlichkeit - die du in Wirklichkeit nie verloren hattest - wieder in Besitz zu nehmen.

Das Höchste wird verschleiert durch Wünsche, Ego, Neigungen, Vorlieben und Abneigungen, die sich in Tausenden von Geburten angehäuft haben, während du in zahlreichen Zivilisationen weiltest, in männlichen oder weiblichen Körpern, reich oder arm, in dieser immer nach oben gerichteten Schubkraft der Evolution.

Denke daran, dieser Pfad muss von allen in irgendeinem Leben gegangen werden! Alle Seelen müssen an irgendeinem Punkt zum Göttlichen zurückkehren und wieder in Gott aufgenommen werden - das ist Teil des allumfassenden Plans, und so ist es nur recht, sogleich zu beginnen. Verschiebe deine Bemühungen nicht auf "morgen", das nie kommt. Singe Lieder zur Verehrung Gottes, wiederhole den Namen Gottes, meditiere - tue das, was dir am besten passt, aber tue etwas, konzentriere dich so gut wie möglich. Morgen kann es zu spät sein.

Die nachfolgenden Zitate wurden dem Buch "Sai Avatar", Bd. II, sowie dem Koran und der Bibel entnommen:

1 Löse dein Ich auf

Die Veden bestehen darauf, dass man sein Ich auflösen muss. Der Koran besteht auf der Hingabe, und die Bibel betont Bescheidenheit und Liebe.

2 Disziplin

Diese ist für den Erfolg jeglicher Bemühung notwendig, auf welchem Gebiet auch immer, ob im Wirtschaftlichen, Sozialen oder Erzieherischen, also im Materiellen oder Weltlichen; für den Erfolg bei den spirituellen Bemühungen ist Disziplin unbedingt erforderlich.

3 Moral

Ein tugendhafter Charakter ist die Grundlage des Voranschreitens. Er ist eine Grundvoraussetzung und wächst im Reich des Geistes.

4 Erhalte deinen Körper

Um dienen zu können, sollte der Körper beschützt und erhalten werden. Die Unterstützung oder Hilfe, die man anderen geben kann, besteht darin, den *atman* zu erkennen, während man im Körper weilt.

5 Weisheit

Diese wird durch Erfahrung erworben. Was wir "Kenntnisse" nennen, ist die Essenz aller Wissenschaften. Weisheit wird als Ergebnis von Übung erreicht und durch Erfahrung gewonnen.

6 Frieden

Frieden ist gleich Gleichmut des Geistes. Überwinde deine Gedanken und Gefühle, und Frieden ist das Ergebnis.

Füge deine Bemühungen hinzu.

Der Herr sagt: "Ich kann Gnade geben, doch du musst deine menschlichen Anstrengungen dazutun." Erst wenn Gottes Gnade und menschliche Bemühungen zusammenkommen, können erfolgreiche Ergebnisse erreicht werden.

Der Schlüssel zur Befreiung muss von jedem Aspiranten allein gegossen, geschmiedet, gefeilt und angepasst werden.

Er kann dir nicht in einem einzigen Augenblick, nur durch ein Wort gegeben werden. Die Blume bringt die Frucht hervor, die Frucht muss wachsen, reifen und schließlich herabfallen, und so wird sie zu deinem eigenen wahren Selbst.

Er, nach dem man sucht, ist jenseits aller Dualitäten. Der Ozean nimmt die Form des Gefäßes an, das einen Teil von ihm enthält.

Das Formlose nimmt Gestalt an! Das Absolute (*paramâtman*) reduziert sich auf ein einzelnes (deinen *âtman*). Nach und nach, wenn du spirituell voranschreitest, wirst du entdecken, dass du alle Freude aus dem Form-Aspekt Gottes empfängst. Das Formlose verursacht weder Freude noch Leid. Es ist jenseits aller Dualität. Das ist das *brahman*.

Sei du selbst. Versuche nicht, dich nach einer anderen Person zu formen - und liebe, liebe, liebe völlig selbstlos. Dann wird der Herr durch all deine Handlungen, ob groß oder klein, hindurchscheinen, und auch du wirst eins werden mit dem geliebten Herrn Sai!

»Innerhalb der Spanne dieses einen Erdenlebens kann von inbrünstigen Seelen die Vollkommenheit erreicht werden.«

Zoroaster (Yasna)

2 Das Leben ist ein Spiel: Doch wie sollen wir es nach den göttlichen Regeln spielen?

Vor einiger Zeit fragte ein Devotee unseren Herrn Sai Baba: "Warum gibt es die Schöpfung?" Und seine Antwort lautete: "Warum gibt es die Familie, den Ehemann, die Ehefrau, Kinder usw.?" So wie der Herr schöpferisch ist, so haben auch wir, die wir alle Teil von Ihm sind, den Drang, auf all den verschiedenen Gebieten der kreativen Bestrebungen schöpferisch zu sein. Er, der Herr, sagte, dass Er schuf, auf dass Er sich selbst lieben könne; mit anderen Worten: Er ist schöpferisch, um mit sich selbst "Verstecken" spielen zu können. Das Leben, wie wir es kennen, ist Sein Spiel - das Theaterstück oder Spiel, genannt "Liebe". Wie in allen Spielen gibt es Regeln und Beschränkungen sowie gewisse Grenzen, die nicht überschritten werden dürfen. Der Schiedsrichter dieses Spiels schuf das Spiel, und er überwacht ständig all dessen Handlungen.

Disziplin ist sein wahres ABC, und das Ziel ist, dass du dich selbst als das erkennst, was du bist (du bist die Liebe selbst).

A heißt ACTION – HANDLUNG

Hilf überall und vergiss dich selbst beim Spiel. Erinnere dich der Bedürftigen und Kranken, der Furchtsamen und Unterdrückten – denn auch sie gehören zu diesem Spiel!

B heißt BUILDING UP – AUFBAU deines Punktestandes

– d. h. spirituelle Praxis (*sádhana*), nicht nur Wiederholung des Namens Gottes, Gottesdienst und Gebete, sondern das Praktizieren von Liebe allen gegenüber; Liebe ist der wichtigste Bestandteil des Spiels. Je größer die Liebe, desto schneller die Gangart.

C heißt COURTEOUS – HÖFLICHES VERHALTEN

vergegenüber Großen und Geringen. Du verlierst Punkte, wenn du versuchst, dir durch unfaire Mittel Vorteile zu verschaffen. Wenn du mit Ellbogen und Füßen nach der besten Stellung drängelst, wird das eine Bestrafung durch den Schiedsrichter nach sich ziehen! So hab acht vor selbstsüchtigen Handlungen, und füge dich in die Gesellschaft der guten Manieren ein.

D heißt DISCIPLINE – DISZIPLIN

– und das beinhaltet auch, die Gefühle und Bedürfnisse des Körpers unter Kontrolle zu halten. In einem Spiel wie diesem ist Training erforderlich. Ohne regelmäßige Übung wird auf dem spirituellen Gebiet wenig erreicht werden.

E heißt EQUAL MINDEDNESS – GLEICHMUT DER SEELE

– ob du gewinnst oder verlierst, ob du dich sorgst oder krank bist; dies schließt auch unzumutbares Verhalten von anderen ein. Lerne, bei diesen Hochs und Tiefs, die nur auf dem Spielfeld des Lebens erwartet werden können, ruhig zu sein.

F heißt FAITH – VERTRAUEN, GLAUBEN

– nicht nur etwas, sondern sehr viel. Kein Ziel kann genommen werden ohne Tonnen von Selbstvertrauen, Vertrauen in andere und in das göttliche Selbst. Vertrauen führt zu Furchtlosigkeit, ein hoher Grad, der erreicht werden muss.

G heißt **GRACIOUS BEHAVIOUR – LIEBENSWÜRDIGES VERHALTEN**

Lass dein Herz mit guten Gedanken, Worten und Taten in Übereinstimmung mit diesen dreien handeln, mache sie auf diese Weise bedeutungsvoll. Anmut folgt dem liebenswürdigen Verhalten und bewirkt Harmonie im Spiel.

H heißt **HEART – HERZ**

Mach es weich von Liebe gegenüber allen, nicht nur gegenüber Freunden und Verwandten, sondern lausche auch geduldig den Klagen jener, die leiden. Der Herr, der in deinem Herzen voller süßer Zartheit weilt, wird dich zum Ziel führen und dich dein Spiel gewinnen lassen!

I heißt,
das INDIVIDUELLE ICH
auszurangieren; so wirft man das Ego aus dem Ring heraus und lässt das göttliche Ich das Spiel übernehmen.

J heißt JUSTICE – GERECHTIGKEIT
– Gerechtigkeit allen gegenüber. Beurteile andere nicht nach deinen eigenen Richtlinien für das Spiel. Überlass dies dem göttlichen Schiedsrichter.

K heißt KINDNESS – FREUNDLICHKEIT
Sei eifrig darauf bedacht, freundlich zu sein. Wenn du einem zu Boden geworfenen Spieler hilfst, mag das dein Spiel vorübergehend verzögern, vielleicht auch deine Geldbörse erleichtern, doch das wird dir helfen, in der Endrunde den Wettbewerb zu gewinnen.

L heißt LOVE – LIEBE

Mit großen Buchstaben! Bleib nicht auf der Seitenlinie stehen, festgeklebt durch emotionale oder sexuelle Begierden oder durch die Liebe zu Namen, Ruf und anderem. Betritt das Spielfeld und teile Liebe mit anderen. Dann wird die reine Liebe hervorzuquellen beginnen und im letzten Viertel des Wettkampfes das Spiel übernehmen.

M heißt MIND – GEIST

Der Geist ist ein trickreicher Gegenspieler, der mit einer Tasche voller gut erprobter Tricks versucht, dich in seinem Netz und seinen Energien zu verfangen. Gehe nach hinten, befreie dich von Bindungen, Begierden und von weltlichem Verlangen, und ebne so den Weg, um einen hohen Punktestand zu erreichen.

N heißt NOTHING – NICHTS

Nichts ist dem Spiel vergleichbar, das gut gespielt wird. Strebe nach Vollkommenheit in allem, was du tust. Suche dir eine kleine Ecke auf dem Spielfeld des Lebens, vervollkommne deine Fähigkeiten. Nichts ist vollkommener im Universum als Gott. Imitiere seine Vollkommenheit.

O heißt OVERHEATING – ÜBERHITZUNG

Zorn und Auseinandersetzung überhitzen den Geist, verderben deine Sicht und verschwenden deine Zeit. Ob du Recht oder Unrecht hast: Diese Gedanken stören deine Konzentration und bringen dich wieder an den Anfang des Spielfelds zurück.

P heißt PEACE – FRIEDEN

Wenn der Geist ruhig ist, kommt der Frieden. Da du weißt, dass du dein Bestes getan hast, wirf alle weltlichen Gedanken beiseite, wenn du über das Spielfeld gehst. Frieden und Vollkommenheit gehen Hand in Hand und lassen dich so am Ende des Spiels die Trophäe der Verschmelzung erreichen. Wenn die Trophäe dieses Mal nicht erreicht wird, muss ein neues Spiel gespielt werden.

Q heißt QUICK – SCHNELL

Sei schnell beim Verlassen der einzelnen Markierungen, indem du deine Pflicht erfüllst, ob sie dir angenehm ist oder nicht. Sei schnell darin, jenen zu helfen, die erschöpft und gestresst vom Spiel sind. Denke daran, das Spiel heißt LIEBE.

R heißt RELEASE – LOSLASSEN

Sei bereit, den Ball des Haftens an Besitz, Zuneigungen, schlechten Gewohnheiten und mehr loszulassen oder weiterzureichen. Denke daran, früher oder später wird alles verloren sein und in andere Hände übergehen. So lass es jetzt los!

S heißt SILENCE – STILLE

Um sich auf das Spiel konzentrieren zu können, ist Ruhe erforderlich; wenn du eine schwierige Position einhalten musst, wie kannst du da ohne Stille den Ruf des Schiedsrichters hören? In all dem Gerede und Lärm wirst du seine Anweisungen überhören.

T heißt TIME – ZEIT

Die Stoppuhr ist etwas vorgestellt und hakt die Minuten (im Countdown) ab, wenn das Spiel sich dem Ende nähert. Wenn du danebengeschossen hast, wirst du für ein Zeitalter in den Kulissen stecken bleiben, dazu bestimmt, in irgendeinem anderen Spiel noch einmal zu spielen.

U heißt URGENT – DRINGEND

Erstrebe das Ziel. Reinige dein Handeln. Lass dich nicht mit Staub in den Augen erwischen, denn sonst werden sie nicht Ihn widerspiegeln, der darin ist und dir hilft, den Ball durch die Zielpfosten zu schießen.

V steht für VICTORY –
SIEG

Strebe danach, jene Perle des hohen Gewinns zu erlangen, die für Dienen, Opfern, Zufriedenheit und Liebe vergeben wird.

W heißt WINNER –
GEWINNER

Der Gewinner erhält all die gesegnete Süße, reines Licht und reine Liebe. Dieser Preis liegt jenseits der Vorstellungskraft oder Beschreibung. Gesegnet ist der Gewinner des größten Spiels des Lebens.

X markiert die Stelle,
an der die Egolosen zugelassen sind.

Zutritt nur für Mitglieder des göttlichen Clubs "Das Selbst"; auf dem Ticket sind Geduld, Ausdauer, Bescheidenheit und Freude von dem Herrn der reinen Liebe selbst eingeprägt worden.

Y heißt YEARN –
SICH SEHNEN

– nach dem Erfolg beim Spielen dieses Spiels. Meditiere über die Punkte für Gnade und Liebe.

Z heißt ZEALOUSNESS –
EIFER

sich dem Ziel zu nähern, das Spiel zu gewinnen – set und match – und zu der Haupttribüne zurückzukehren, an der "REINE GLÜCKSELIGKEIT" steht; du bist zufrieden in dem Wissen, dass der Planer aller Dinge dich in Seiner Weisheit gesättigt und friedlich gemacht hat. Er, der alle anderen Spiele, die gespielt werden, weiter und weiter bis in alle Ewigkeit beobachtet.

»Wenn die Menschen so viel an Gott denken würden wie an die Welt, wer würde dann nicht die Befreiung erlangen?«
Maitrí-Upanishad

»Wenn sie die Lehren hören,
werden die Weisen vollkommen
gereinigt – wie ein See, tief,
klar und still.«

Dhammapada (Buddha)

3 Der transzendentale Pfad

Hast du die folgenden Dinge beachtet, bevor du beginnst? Jene, die den Herrn mit äußerster Hingabe lieben, können in ihren Herzen die Worte sprechen, die die kleine Heilige Mira Bai sang:

> "Ich habe mir Kannah (Krishna) gekauft,
> und ich zahlte den Preis, den er nannte.
> Einige rufen: 'Zu viel!',
> während andere höhnen: 'Es war zu gering!'
> Ich habe voll bezahlt, bis zum letzten
> Körnchen ausgewogen,
> meine Liebe, mein Leben, mein Selbst,
> meine Seele, mein Alles."

Lasst uns erinnern, was Jesus vor 2000 Jahren sagte: "Geh, verkaufe alles und kaufe die Perle des größten Gewinns." Das ist der letzte Kauf, der ewiges Leben gibt und das Einswerden mit dem Vater aller. Wenn du bereit bist zu handeln wie Mira Bai, geh und übergib dein Alles! Jedes Ding von realem Wert trägt immer ein Schild mit seinem hohen Preis darauf, auch in der materiellen Welt. Am

Ende deines Emporsteigens zu jenem erwachten Leben des höchsten Bewusstseins, zur Verschmelzung mit dem Absoluten, wirst du deinen Kauf abgeschlossen haben. Dieser Pfad ist nicht für furchtsame Herzen gedacht oder für jene, die zögern, die geistig träge sind, oder für jene, die die Neigung haben, Entschuldigungen zu finden, die man als “Ja, aber ...” kennt. Es ist besser, wenn du einen Umweg machst, der deinem Temperament mehr entspricht.

Der, mit dem du eins werden willst, ist reiner Geist, und er kann nur von einem reinen Herzen gesehen werden, das vor Reinheit glänzt und voller Liebe und Süße ist. Die Upanishaden sagen, die unsterbliche Seele sei rein wie ein Tropfen Wasser auf einer Lotosblüte und leuchte aus ihrem eigenen Glanz heraus. Jesus sagt: “Eng ist der Weg, der zum ewigen Leben führt.”

Die Upanishaden sagen: “Der Pfad ist wie eine Rasierklinge.” Was also muss unternommen werden, wenn man diese schwierige Reise nach oben unternimmt?

Der Rigveda (X, 129) sagt: “Und in dem Einen erwuchs Liebe; Liebe, der erste Keim der Seele.” Die Wahrheit dieser Worte fanden die Weisen in ihren Herzen. Sie suchten mit Weisheit und entdeckten jenes Band der Einheit zwischen Sein und Nichtsein. Diese Liebe ist nicht jene der sentimentalen oder emotionalen Art. Sie ist reine Liebe, die durch völlige Selbstlosigkeit erworben wird, durch Selbstopfer, Aufrichtigkeit und Ehrlichkeit, außerdem durch gute Taten, die an jenen verrichtet werden, die in echter Not sind. Dies ist die Grundlage, um zum höheren Selbst emporzusteigen.

Hier ein hilfreiches Rezept als Medizin: eine große Dosis Bescheidenheit oder der Verlust des individuellen Egos plus eine selbstlose Handlungsweise, dazu Freisein von Neid, Eifersucht, Bosheit usw. und eine gute Dosis von Gleichmut!

Lasst uns Mira Bais Worte betrachten:

Das Erste ist LIEBE. Nicht nur Liebe zu Gott, sondern zu den Menschen im allgemeinen, ungeachtet der Rasse, der Glaubenszugehörigkeit und ob sie gut oder schlecht sind. Gott ist in allen, also liebe deinen Nächsten wie dich selbst, wie Jesus sagte.

LEBEN ist das nächste Wort. Sein Leben weihen bedeutet, seine Pflichten je nach dem Lebensstadium zu erfüllen, in dem man sich gerade befindet; es bedeutet, den Höhen und Tiefen, den

Verlusten und Gewinnen, den Freuden, Tragödien und dem Glück mit Gelassenheit zu begegnen, indem man alles als Guthaben oder Schulden aus vergangenen Leben ansieht. Alle vergangenen Schulden müssen voll bezahlt werden. Die gegenwärtigen können nur durch die Gnade Gottes annulliert werden, wenn es sein Wille ist.

SELBST ist das nächste Wort, das Mira erwähnt; das heißt, man muss sein Leben dem liebenden Dienst am Nächsten weihen und nicht nach Lohn fragen, auf dass der Wille des Herrn geschehe, wie auch das Ergebnis aussehen mag; das heißt, das Ego des kleinen Selbst an das göttliche Selbst zu verlieren, indem man alle Entbehrungen, Nachteile und Unfähigkeiten akzeptiert; das heißt, nichts dem eigenen Selbst zuzuschreiben.

Die SEELE muss völlig dem höchsten Selbst übergeben werden, indem man alle Dinge als eins sieht, ohne Dualität. Die Einheit des Einen allein. Das Ego des Einzelnen erlangt ein Gewahrwerden seines eigenen göttlichen Selbst.

MEIN ALLES: Wenn es in göttliche Zwiesprache mit dem Über-Bewusstsein eintritt und dessen gewahr wird, wird es Gott. "Es gab nie ein Ich, sondern nur ein Er."

Dieses Selbsttraining zur Erlangung der Einheit mit dem *brahman* ist wahrer Yoga, wahre Vereinigung.

Die Svetasvatara-Upanishad sagt: "So wie ein staubbedeckter goldener Spiegel in seinem wahren Glanz erstrahlt, wenn er gereinigt wird, so erkennt der Mensch die Wahrheit des Geistes, dessen eigenes Selbst, und er wird zu einer Lampe; rein, niemals geboren und ewig."

Der, welcher Gott erkennt, wird Gott; er hat Zutritt zum Bewusstsein seiner eigenen Vergangenheit und Kenntnis des Kosmos; und er gelangt durch die Kontemplation seines eigenen göttlichen Selbst zur eigenen Ausdehnung.

Die Katha-Upanishad sagt: "Nicht durch vieles Lernen wird der *átman* erreicht, nicht durch den Intellekt und durch heilige Lehren. Er wird erreicht von jenen, die von Ihm erwählt wurden, weil sie IHN erwählten. Seinen von Ihm Erwählten enthüllt der *átman* seinen Glanz."

"Wenn die fünf Sinne und der Geist still sind und der Verstand in Ruhe verharrt, beginnt der höchste Pfad. Diese ruhige Beständigkeit ist wahrer Yoga. Dann muss man wachsam sein, denn Yoga kommt und geht wieder."

"Der Schöpfer machte, dass die Sinne nach außen gehen; sie gehen zu den Dingen, nicht zum Geist nach innen. Doch der Weise suchte Unsterblichkeit in seinem Inneren und fand seine eigene Seele."

Das Licht des göttlichen Geistes ist unsichtbar, verborgen in allen Wesen. Es kann von den Sehern des Feinstofflichen erblickt werden, wenn ihre Sicht scharf und klar ist. Erwache! Strebe nach dem Höchsten, und sei im Licht. Die Weisen sagen, der Pfad sei eng und schwer zu betreten.

Jene, die sich in diese innere Reise versenken, müssen vor allem persönliche Integrität besitzen; keine Mängel, moralisches Verhalten, Strenge in äußerer und innerer Disziplin; kontrollierte Essensaufnahme und scharfes Zügeln des Geistes, wenn er umherstreifen und sich in erotischen Tagträumen, esoterischen Phantasien usw. verlieren möchte. Wie Arjuna in der *Bhagavadgítá* bemerkte: "Der Geist ist wahrhaftig, o Krishna, ruhelos, ungestüm, stark und widerspenstig. Ich denke, er ist so schwierig wie der Wind unter Kontrolle zu bekommen."

Die heilige Theresa von Avila, eine große christliche Mystikerin, stellte fest: "Wenn du Liebe für alle hast, wirst du mit Sicherheit die Vereinigung mit Gott erreichen. Doch wenn dir bewusst wird, dass dir diese Barmherzigkeit fehlt, obwohl du Hingabe und Süße und ein kurzes Versenken in der Meditation verspüren magst, auch Gebete der Stille, die dich denken lassen, du habest die Vereinigung mit Gott erreicht, dann glaube mir, du hast sie nicht erreicht. Flehe den Herrn an, dir vollkommene Liebe für deinen Nächsten zu geben, und überlass Ihm den Rest. Er wird dir mehr geben, als du verlangst."

Denn, wie der Herr gesagt hat: Liebe ist ein Gefühl, reine Liebe ist ein Geisteszustand. Ein Geist, der akzeptiert, dass alle eins sind, dass es keinen Unterschied gibt, der hat die Wahrheit gefunden.

Seine Form kann nicht körperlich gesehen werden. Er kann nur von einem gereinigten Herzen gesehen werden, mit Fühlen und Denken, das rein ist, und wenn alles Verlangen, das im Herzen war, fortgespült ist. Ein Sterblicher wird dann sein unsterbliches Selbst. Er ist Frieden und Liebe.

(Hinweis: Zitate aus den *Upanishaden,* dem Buch "St. Teresa of Avila"von Juan Mascaro sowie der *Bhagavadgítá* nach der Übersetzung von Swami Chidbhavananda)

Er ist ein körperloser Geist,
doch kann er von einem reinen
Herzen gesehen werden.
Sein und Nichtsein kommen von
Ihm, und Er ist der Schöpfer
von allem. Er ist Gott, der
Gott der Liebe, und wenn
ein Mensch Ihn erkennt,
dann lässt er seine Körper des
Umherwanderns hinter sich.

Svetasvatara-Upanishad

4 Es gibt einen Schleier zwischen dir und mir

Das Antlitz der Wahrheit bleibt hinter einer runden Scheibe aus Gold verborgen. Enthülle es, Gott der Lichtes, so dass ich, der ich das Wahre liebe, es sehen kann!

(Aus der Isha-Upanishad)

Was ist dieser Schleier? Unwissenheit! Und was ist Unwissenheit? Und woraus besteht sie? Es ist das individualisierte Ego! Das "Ich-" und "Mein"-Syndrom der Selbstsucht. Und was ist diese Selbstsucht in all ihren Facetten? "Ich gehe bis da- und dahin, und nicht weiter!" Und weiter, was bedeutet dieses Wort "Selbstsucht"? Das Oxford-Lexikon definiert es so: "Handeln oder tun gemäß seinen eigenen Interessen und Bedürfnissen ohne Rücksicht auf die anderer", und: "Die guten Dinge für sich selbst behalten."

Das Ego, der Egoismus - der erste Vetter der Selbstsucht - wird im Oxford-Lexikon wie folgt definiert: "Das Selbst, Selbstüberschätzung, selbstbezogen; die Art, zu viel über sich selbst zu sprechen"und "eingebildet" zu sein auf sein Handeln!

Wenn du so bist, dann musst du noch viel an dir arbeiten. Bist du so?

Gleichgültig, wie viel Dienst am Nächsten du verrichtest, ob du Lieder zur Verehrung Gottes singst oder die verschiedenen Techniken der Meditation oder von Yoga praktizierst - der Schleier wird unverrückt an seinem Platz verharren. Und wie kann man sich von diesem Elend befreien? Behandle jeden so, wie du selbst behandelt werden möchtest. "Oh", sagst du, "dieses ganze Zeug habe ich schon vorher gehört!" Vielleicht stimmt das, doch ist es nicht in dich eingesunken, und es war wie jeder erste Versuch, Selbstlosigkeit in die Praxis umzusetzen, nicht erfolgreich; so hast du die Jalousien heruntergelassen und bist deinen Weg weitergegangen, und du hast bei dir festgestellt, dass es immer der Fehler eines anderen war, mit dem du zu tun hattest, oder vielleicht hatten sie dich zu einer falschen Zeit um Hilfe gebeten, als du andere Pläne im Sinn hattest!

Christen werden dies in Zusammenhang bringen mit der Geschichte, die Jesus vom guten Samariter erzählte: Ein Mann wurde von Räubern verletzt und sterbend zurückgelassen; später gingen ein Priester und ein Pharisäer auf der anderen Seite des

Weges achtlos vorüber. Doch ein Samariter, der in der Gesellschaft jener Zeit von den anderen Klassen verachtet wurde, verband seine Wunden und legte den Verletzten voller Liebe und Mitgefühl auf seinen bescheidenen Esel, brachte ihn zu einer nahe gelegenen Herberge und bezahlte aus seiner schmalen Börse den Herbergsbesitzer, dass er sich um das Opfer kümmern möge, bis es ihm besser ginge.

Der Samariter suchte nicht Namen oder Ruhm und hatte auch nicht den Wunsch, den Familienstammbaum des Verletzten oder dessen finanzielle Verbindungen zu erfahren. Was hättest du getan? Ist es nicht ein völlig selbstloser Akt der Liebe für einen Mitmenschen? Solche Handlungen, wenn sie auch gering sind, führen zu einem reinen Herzen, das von Liebe leuchtet, voller Verständnis ist für andere, überfließend vor Mitgefühl und Großherzigkeit.

Um jenen Schleier zu entfernen, muss man auch Disziplin erwerben - nicht gerade ein sehr beliebtes Thema, weder für junge noch für alte Menschen. Disziplin wird im Wörterbuch auch als "geordnetes, kontrolliertes Verhalten" und als "Training, um zur Ordnung zu gelangen" definiert. Hast du diese Disziplin? Falls nicht, ist es wichtig, dass du sie kultivierst, indem du kleine Selbstverleugnungen praktizierst, indem du auf etwas verzichtest, das du dir wünschst; indem du dich von dem Faszinierenden abwendest; indem du deine Hände unter Kontrolle hast und deinen Mund hältst, auch wenn sich eine ätzend scharfe Erwiderung in deinem Geist formuliert; indem du nicht dorthin gehst, wohin die Wünsche dich drängen; indem du den Schwierigkeiten ins Gesicht schaust! Ein Mangel dieser moralischen Eigenschaften kann zu viel Ärger führen, mit den verschiedenen Stadien von Neid, Hass, Eifersucht, Gehässigkeit und der Verletzung anderer.

Nach und nach wird sich - aufgrund der wachsenden Reinheit in deinem Geist - dieser Schleier der Unwissenheit heben, doch wie jede andere Leistung erfordert dies endlose Bemühungen. Die Tugenden der Selbstlosigkeit, der Mangel an Ego, dazu der inneren Disziplin - all dies kann nicht umgangen werden.

Denke daran: Liebe ist das Ass, sie ist eine gute Karte in der Hand. Sie bringt dich sozusagen zur göttlichen Fußmatte, wo du darauf wartest, dass Er selbst dieses sich nach außen öffnende Tor aufmacht, das nur einen sehr engen Durchlass hat.

Wie die Upanishaden sagen: “Der Pfad ist schmal wie eine Rasierklinge”, oder wie Jesus sagt: “Eng ist der Weg, der zum ewigen Leben führt.”

»Der Verlust des Egos führt zum Verlust des Körperbewusstseins. Volles Vertrauen führt zur Furchtlosigkeit. Um es zu vollbringen, muss man so werden, wie das, mit dem man verschmelzen möchte: rein, unbefleckt, losgelöst und völlig leidenschaftslos.«

Baba

ॐ

»Sei standhaft und habe Vertrauen.
Dann erreichst du sicher das Ziel«

Sathya Sai Baba

5 Sei zufrieden mit dem, was du hast

Was auch immer du hast, in welcher Stellung auch immer du dich im Leben befindest, welche Reichtümer du besitzt, welch gute oder schlechte Gesundheit du hast oder in welcher Versammlung von Menschen du dich befindest - sei dir immer bewusst, dass diese Zustände größtenteils bestimmt werden durch Gewinne oder Verluste aus vergangenen Leben; und die Art, wie du mit deinen Plus- und Minus-Situationen umgehst, geschieht durch die Gnade Gottes und ist ein Lernprozess, entweder für deine Aufwärtsentwicklung auf der spirituellen Leiter oder aber für dein Stagnieren während eines weiteren Tests in dieser Lebenszeit!

Wenn du mit Reichtum oder einer guten Stellung belohnt wurdest, teile mit anderen, denn deine Verpflichtung ist größer als die derer, die weniger haben. Reichtum soll nicht für einen Egotrip benutzt werden oder zur Ansammlung einer Vielzahl von Wünschen, er sollte auch nicht benutzt werden, sich mit dem Gedanken in einen Elfenbeinturm zurückzuziehen: "Mir geht es gut;

lass andere den weniger Glücklichen dienen."In alten Zeiten bauten unsere Vorfahren Tempel, Kathedralen und Kloster, weil sie wollten, dass man sie als großzügige Menschen anerkannte, und weil sie auf diese Weise eine Fahrkarte zum höchsten Himmel erwerben wollten! Doch der Himmel kann nicht gekauft werden! Es ist weise, keinen Klub der oberen Zehntausend zu bilden; stattdessen sollte man sich unter die weniger Glücklichen mischen und aus deren Mühsalen lernen. Durch solche Bemühungen kann man sogar ein von allen geliebter Heiliger werden.

Jesus sagt: "Gib großzügig, doch lass die linke Hand nicht wissen, was die rechte tut." Dies wird dir unermessliche Befriedigung geben. Lass keine intellektuelle Überheblichkeit zu, auch kein Gefühl der Überlegenheit gegenüber jenen, die weniger Fähigkeiten haben. Das mag dir als vorübergehende Befriedigung einen Augenblick von Herrschaft (übersteigertem Ego) geben, doch, wie die Upanishaden sagen, "selbst durch tiefes Wissen kann der *átman* nicht erreicht werden, wenn nicht zuvor üble Gewohnheiten beseitigt wurden und in den Sinnen verbleiben."Konzentration im Denken und Fühlen, Frieden im Herzen! Lerne Bescheidenheit, erkenne, dass alles Wissen von Gott kommt. Das gibt dir Zufriedenheit.

Ob du in einem großartigen Haus oder in einer bescheidenen Hütte wohnst: Erkenne, dass du dort nur aufgrund von Verdiensten aus vergangenen Leben bist, und denke daran, dass sich dies jederzeit ändern kann. Der Bewohner eines bescheidenen Hauses mag in einem vorhergehenden Leben in einem Palast gewohnt haben! Lerne, mit Dankbarkeit die auferlegten Begrenzungen anzunehmen. Dies führt zu heiterer Zufriedenheit.

Solltest du eine unermesslich gute Gesundheit besitzen, benutze diese Energie, um jenen zu helfen, die nicht dein Vorrecht genießen. Biete deine Hilfe bei ihren täglichen Aufgaben an. Die körperlich Behinderten mögen ihre Leiden aus vergangenen Taten erworben haben, dennoch verdienen sie Mitgefühl und eine helfende Hand.

Zufriedenheit mit seinem Los im Leben bringt dem leidenden Körper Ruhe und Hilfe und kann, wenn man dies Leiden annimmt, durch mentale Heiterkeit dazu verhelfen, eine bessere Gesundheit wiederherzustellen. Denke daran, dein wahres Selbst ist nicht verkrüppelt, sondern ist rein und befindet sich in einem kranken Körper, weil es darauf wartet, zu seinem rechtmäßigen Zustand erlöst zu werden. Wenn du meinst, du hast in der Gesellschaft nicht die von dir erwartete Position, verneige dich dankbar und akzeptiere die niedrigere Stellung. Der Herr schaut in die Herzen aller, um zu sehen, wie sie auf die Degradierung reagieren. Immer prüft er, selbst in den anscheinend trivialen Begebenheiten; er testet den Glauben, erschüttert das Vertrauen, lässt die Luft aus den Egos heraus. Seine Prüfungen sind endlos, bis der Tag kommt, an dem du völlig von der Selbstsucht, vom Ego (dem Überheblichkeitskomplex), dem Selbstmitleid, der Selbstverhätschelung, der Selbsttäuschung und der Selbstgerechtigkeit befreit (oder geheilt) bist: Dann hast du wahre Zufriedenheit erlangt. Letztere ist erforderlich für ein spirituelles Leben, das eher wie ein Wettlauf ist, in dem wir alle durch unsere Handlungen in vergangenen Leben behindert sind. So beneide keinen, schreite voran von dem Ort aus, an dem du jetzt bist, ... diene allen, liebe alle. Magst du künftig wie Paulus (2.Tim. 4, 7 u. 8) sagen: “Ich habe einen guten Kampf gekämpft, ich habe den Lauf vollendet, ich habe Glauben gehalten.”

Sai Ram

Ja, ich möchte gerne weitere Informationen erhalten.

Bitte senden Sie mir ❍ per E-Mail *oder* ❍ per Post

❍ Ihr Verlagsprogramm

❍ Informationen zu ähnlichen Themen

❍ Informationen zu Büchern über

❍ Engelwelten	❍ Jenseitswelten	❍ Paranormale Fähigkeiten
❍ Karma & Wiedergeburt	❍ Lebenshilfe	❍ Natürliche Gesundheit
❍ Ganzheitliches Heilen	❍ Astrologie & Numerologie	
❍ Seelenleben der Tiere	❍ Orakel, Tarot und Karten	

Name, Vorname E-Mail

Straße, Hausnummer

Land, PLZ, Ort

Diese Karte entnahm ich dem Buch:

Ich fand das Buch inhaltlich	❍ sehr gut	❍ mittel	❍ nicht gut
und die Gestaltung	❍ sehr gut	❍ mittel	❍ nicht gut

"Gott gehört der Osten und der Westen,
und wo immer du dich hinwendest,
da ist das Antlitz Gottes. Er ist allgegenwärtig
und allwissend."

der Koran

ॐ

»Jedes Lebewesen auf der Welt ist bewusst oder unbewusst auf einer Pilgerreise.«

Sathya Sai Baba

6 Wir haben einen Avatar unter uns

"Obwohl ich ungeboren, unvergänglich und der Herr aller Wesen bin, habe ich mich dennoch meiner eigenen Schöpfung (*prakriti*) unterworfen und kam durch meine eigene *máyá* unter die Lebenden. Wann immer *dharma* verfällt und *adharma* sich erhebt, verkörpere ich mich in *Bhárata* (Indien). Zum Schutz der Guten und zur Zerstörung der Bösen sowie zur Errichtung des *dharma* verkörpere ich mich von Zeitalter zu Zeitalter."

Bhagavadgítá IV, 6.7.8 (nach der Übers. v. Swami Chidbhavananda)

Erhabene Worte, von Krishna angesichts der Armeen gesprochen, die sich zum Kampf aufgestellt hatten! Und was war der Grund des Kampfes zwischen den *Pândavas* und den *Kauravas*? Der Niedergang des rechten Verhaltens. Das war das Übel der damals herrschenden Klassen, die außer Kontrolle geraten waren, und dieses Verhalten griff über bis zu den Massen; es war zweifellos hervorgerufen worden durch wuchernde Gier, Verlangen nach Macht, Mangel an Mitgefühl für andere und ungehemmten Hass für alle, die ihnen im Wege standen. (Die Gegenkräfte, die *Pándavas* - geringer an Zahl -, hatten Lord Krishna bei sich, der als Arjunas Wagenlenker fungierte.)

Wirkt dieses Szenario nicht vertraut, wenn wir alles ansehen, was heute um uns herum geschieht? Das 20. Jahrhundert kann für sich beanspruchen, die am meisten von Kriegen zerrissene und von Brudermorden erfüllte Zeit in der überlieferten Geschichte zu sein! Wir brauchen nur unsere Blicke umherschweifen zu lassen und die neuesten Nachrichten zu sehen, ihnen zu lauschen oder sie zu lesen. Sie erzählen von Hass und vergangenen Kränkungen, eingebildeten oder anderen, die dazu führen, dass die Erde zum Schlachtfeld wird.

Und so ist es alle Zeitalter hindurch gewesen! Jesus kam als Botschafter und versuchte, die angeborene Grausamkeit und engherzige Bigotterie seiner Zeit einzudämmen, doch keiner schien zuzuhören. Im Laufe der Zeit haben die wenigen, die lauschten, eine Kirche aufgebaut, die überfrachtet ist mit Traditionen, Pomp und Zeremonien, die in Splittergruppen auseinander brach - weit entfernt von dem sanften Mann aus Nazareth und ein Verrat an Jesu Botschaft, einander zu lieben.

So wurden seine Weisungen beiseite geschoben und mit Bigotterie, Grausamkeit, Unterdrückung Unwissenheit und Verachtung überdeckt; so brachten sie statt brüderlicher Liebe die Übel der Inquisition ans Licht. Kein Land kann stolz darauf sein, solch eine Institution bei sich gehabt zu haben.

Der Koran sagt (43/85): "Als Jesus mit deutlich sichtbaren Zeichen kam, sagte er: ‚Ich bin gekommen, euch Weisheit zu geben und Dinge zu ebnen, in denen ihr nicht übereinstimmt. Fürchtet Gott und folgt mir. Gott ist mein Herr und euer Herr, deshalb dient Ihm. Das ist der rechte Weg.'"

Im Koran Vers 30/38 heißt es:

"Aufgrund der Missetaten des Menschen ist das Übel herangereift zu Land und auf der See. Er hat es so für die Menschen befohlen, auf dass sie die Früchte ihrer eigenen Taten schmecken und ihre Wege korrigieren."

(Nach der revidierten Übers. des Korans von N. Dawood)

Der geliebte Herr ist unter uns, in der zweiten Hälfte seiner dreifachen Inkarnation, und wieder bemüht er sich, den Menschen dahin zu bringen, dass er seine Missetaten ansieht, dass er sich von der Selbstsucht befreit und rein lebt, ohne moralische Mängel, wie die weltlichen Menschen sie normalerweise haben. Er fordert uns auf, unsere lockere Disziplin, unser Benehmen im Allgemeinen, unsere selbstsüchtige Art und unsere Unmoral zu überdenken.

Man mag sich fragen: "Wieso komme ich hierher und sitze vor Ihm, der die Wahrheit, Reinheit, Güte, Liebe und Rechtschaffenheit ist, und unternehme keine Anstrengungen, meinen Weg zu ändern?" Wenn du dich entscheidest, dich zum Besseren hin zu verändern, dann werden die Menschen um dich herum sich ebenfalls verändern, und die Welt wird zu einem schöneren Ort, um darin zu leben. Es ist nur eine einzige wilde Zelle in einem Körper erforderlich, um ein krebsartiges Wuchern zu veranlassen, oder, einfacher gesagt, ein schlechter Apfel in einer Kiste wird, wenn er nicht herausgenommen wird, alle anderen Äpfel nach einer gewissen Zeit ebenfalls verrotten lassen.

Der Herr ist gekommen, um uns zu helfen, unser falsches Denken und unser unrechtes Tun zu reinigen.

Der Koran sagt: "Wahrlich, ihr seid ein degeneriertes Volk!" Jene, die beim Handel unter Gewicht verkaufen oder verpanschtes Essen, jene, die Defekte und Fehler bei Autos, Häusern und Schmuckstücken, die sie auf dem Markt verkaufen, verbergen, übertreten die Gesetze ihres Landes, nehmen, was ihnen nicht gehört, und betrügen auf diese Weise sich selbst und andere!

Alle diese Dinge haben die schwierigen Zeiten geschaffen, in denen wir leben. In der Hast nach Gewinn, Namen und Ruhm haben wir vergessen, dass alle Dinge - ich wiederhole a l l e Dinge - unter der Sonne und im ganzen Universum dem Herrn gehören; und als wir es vergaßen, degenerierten wir zurück zum Urmenschen, von dem wir uns mit Mühe emporentwickelt hatten.

Der *Avatar* in seiner Gnade und Liebe ist gekommen, um uns an diese Dinge zu erinnern, so dass wir uns ändern und zu unserem eigenen rechtmäßigen, göttlichen Status zurückkehren können!

Das *Kaliyuga* ist um uns herum. Wir sind alle gefangen in der Falle der so genannten modernen Gesellschaft und in den Gewohnheiten unserer tierischen Vorfahren! Es gibt keinen Grund für uns, stolz zu sein. Alle Nationen und Völker tragen einen Teil der Verantwortung für den Abstieg des Menschen. Bitte jetzt darum, dass dieser geliebte *Avatar*, der schon Dekaden unter uns weilt, der uns ermahnt, tröstet, uns Interviews, Ansprachen und Segen gibt, sich nicht an die moralisch Tauben oder an die Blindheit der Selbstsüchtigen wendet, an die faulen und gleichgültigen Mitglieder der menschlichen Rasse, die die Gesetze Gottes in ihre eigenen Hände nehmen wollen.

Jeder, der das Glück hat, zu Seiner Göttlichkeit kommen zu dürfen, zum höchsten Selbst, der Seine Liebe und Süße empfangen darf, sollte bei seiner Abfahrt von diesem heiligen Ort in seinem Herzen ein Licht tragen, das durch die Liebe entzündet wurde, um jene emporzuheben, die nicht die Möglichkeit hatten, zu Ihm zu kommen, während Er in dieser Form verkörpert ist. Bitte habe den Mut und zeige dein Licht der Liebe an dunklen Orten, und hilf, dass Mutter Erde ein besserer Ort zum Leben wird. Jetzt ist nicht die Zeit, Mängel unter den Teppich zu kehren oder in den Korb mit der Aufschrift "zu schwer"zu werfen, sondern es ist Zeit, aufzustehen und gezählt zu werden! Es ist später, als du denkst, und du brauchst den Herrn neben dir. Kannst du wie Josua sagen - als er im Begriff war, das versprochene Land in Besitz zu nehmen, nachdem er die Israeliten über den Jordan geführt hatte und sich bewusst war, dass ein Krieg entstehen könnte, und er wünschte, jenen, die furchtsam waren, zu helfen –, dass der Herr bei ihnen als ihre Stärke sei? Und er sagte: "Was meine Familie und mich betrifft: Wir halten zum Herrn."

Die Katha-Upanishad (Teil 5) sagt:

"Es gibt einen Herrscher, einen Geist, der in allen Dingen ist, der seine eigene Gestalt in die vieler transformiert. Nur die Weisen, die Ihn in ihrer Seele erblicken, erlangen die ewige Freude. Er ist der Ewige unter den Dingen, die dahinschwinden! Er ist das reine Bewusstsein der bewussten Wesen, der Eine, der die Gebete von vielen erhört. Nur die Weisen, die Ihn in ihrer Seele erblicken, erlangen den ewigen Frieden."

Er, der Herr allein, ist das höchste Leuchten reinen Bewusstseins, von unvergleichlicher Schönheit. Er pflanzt in den Geist des Menschen den Keim der Schönheit, so dass der wahre Künstler, der Musiker, der Dichter, der Tänzer oder der Sänger seine Kunst vollbringen kann. ER kann auch in der Schönheit der Blumen gesehen werden, die nur für eine kurze Zeit blühen. Du pflückst sie zur Ausschmückung des Raumes für den Gottesdienst, für Girlanden und andere solche Dinge, und so bringst du Ihm nur seine eigene Schöpfung zurück. Er schuf die Energie, die ihr Wachstum bewirkte, und

Er bestimmte ihre Farben. Doch der Strauß, den Er annehmen will, besteht nicht aus seinen eigenen Blumen, sondern aus den Blumen, die in einem gereinigten Herzen wachsen, die den Duft der Liebe für alle verströmen, voll unermesslicher Freude und überfließender Süße. Dies ist das Bouquet, nach dem du streben und das du Ihm anbieten solltest!

Es ist dein freier Wille allein, anzunehmen oder zurückzuweisen. Es ist weit besser, in der Welt ein gutes Leben zu führen, statt ein spirituelles Leben und einen höheren Pfad zu versuchen mit einem Herzen, das immer noch beschwert ist von Selbstsucht, Eifersucht, Gier, Sinneslust, Stolz usw. Es liegt an dir, welchen Pfad zu wählst. Der Herr mischt sich nicht ein, sondern beobachtet und sieht, was du in deinen vielen vergangenen Leben gelernt hast. Er ist zeitlos, von endloser Geduld, ewig und von allumfassender Liebe. Wenn Er in Qualen des Geistes und des Herzens oder in schrecklicher Not angerufen wird, kommt Er und nimmt Sein Kind in Seine liebende Umarmung. Er ist das selbstlose Selbst!

> Von unfassbarer Weite, von unvorstellbarem
> Wissen, von unergründlicher Liebe Bin Ich.
>
> *Baba*

7 Achte auf deinen Geist, "den verrückten Geist"

Arjuna sagte: "Der Geist ist wahrhaftig, o Krishna, ruhelos, ungestüm, stark und widerspenstig. Ich denke, er ist so schwierig unter Kontrolle zu bringen wie der Wind." *Krishna* erwidert: "Ich räume ein, dass die Vereinigung (*yoga*) schwer von einem Menschen zu erringen ist, der sich nicht kontrollieren kann, doch sie kann erreicht werden von dem, der sich selbst unter Kontrolle hat und der mit den rechten Mitteln vorwärts strebt."

Gítá VI 34/36

Die *Maitrí-Upanishad* stellt fest: "Der Geist des Menschen ist von zweierlei Art, rein und unrein; unrein, wenn er in den Fesseln des Verlangens gefangen ist, rein, wenn er frei ist von Verlangen."

Von einem Menschen mit fundiertem Wissen wurde festgestellt, dass die Gedanken, die wir denken, rational und konstruktiv sind, doch in Wahrheit trifft dies nur auf einen zielbewussten

»Ich hebe meine Augen auf zu den Bergen, von welchen mir Hilfe kommt. Meine Hilfe kommt vom Herrn, der Himmel und Erde gemacht hat.«

Psalm des David (Altes Testament)

Wissenschaftler zu oder auf einen Forscher, Philosophen oder andere, die durch große Anstrengungen einen beständigen Geist in Bezug auf einen bestimmten Gegenstand erlangt haben. Wir anderen produzieren alle eine Reihe von Gedankenwogen, die für sich hin- und hergehen. Setze dich still hin und beobachte, wie dein Geist umherschweift. Wenn du Lust dazu hast, fertige eine Liste seiner Drehungen und Windungen an, und lies nach ein paar Minuten nach, wohin dein Geist gewandert ist. Es mag sich etwa wie folgt anhören: "... Ich bin neugierig, ob er/sie zu der Verabredung kommt, ich glaube, ich möchte jetzt etwas Kaffee und Gebäck, keine schlechte Idee. Tante Maggie ist eine Langweilerin. Am besten fang ich jetzt mit der Arbeit an, vielleicht sollten wir einen Sahnekuchen zum Nachtisch heute Abend essen ..."usw.

Beim Beobachten der umherwandernden Gedanken wirst du in all dem Durcheinander eine winzige Pause feststellen. Je ungezähmter der Geist, desto kürzer die Pause! Beobachte ihn ständig, bis die Zwischenräume länger werden! Erwarte nicht, dass Scheinwerferlicht wie im Kino erstrahlt, wenn du dich bemühst, zu meditieren und den Geist zu besänftigen. Du wirst entdecken, dass er neben dem weltlichen Wirrwarr vergangene Erinnerungen von Menschen oder Orten, die du kanntest, emporschwemmt. Wenn du noch stiller wirst, mögen Szenen aus vergangenen Leben auf der Leinwand deines Geistes erscheinen, die dir auf intuitive Weise vergangene Reaktionen, Sympathien und Antipathien, Ängste, Freuden, erotische Erlebnisse, Schmerzen, esoterische Reisen und Ähnliches enthüllen.

Um diesen unaufhörlichen Umwegen zu entkommen, sind strenge Maßnahmen erforderlich. Zur Beruhigung deines Geistes kannst du ihm einfach sagen, er solle aufhören.

Zuerst musst du zu einer regelmäßigen Uhrzeit an einem ruhigen Ort sein (der Geist ist ein Gewohnheitswesen, er mag dieselben Orte und liebt es, zu einer bestimmten Zeit mit etwas zu beginnen). Ziehe dich von den meisten gesellschaftlichen Ereignissen zurück, so viel wie möglich auch von den täglichen Begebenheiten. Andernfalls wirst du feststellen, wenn du dich bemühst, mit den umherwandernden Gedanken zu kämpfen, dass sich der Geist vergangenen Gesprächen und Handlungen zuwendet, wie ein Hund, der seinen eigenen

Schwanz fangen möchte. Dies sollte die Arbeit am Arbeitsplatz, zu Hause oder anderswo betreffen, da Bruder Geist nur unentwegt darauf wartet, dich zu umgarnen.

Konzentriere dich auf einen bestimmten Punkt, auf das Licht, auf Jesus, Buddha, Sai Baba oder auf einen von dir erwählten Heiligen, denn alle Formen sind Gottes Form. Stell dir vor, dass diese Gestalt auf dich zugeht, und mach dir im Geiste eine Girlande oder ein Blumensträußchen, um sie zu Füßen des Einen niederzulegen, den du dir erwählt hast. Dann konzentriere dich auf sein Gesicht, beachte seine Süße im Ausdruck oder erforsche die Tiefe seines Strahlens. Zuerst ist es, als beobachtest du einen alten Film, der flackert und unklar ist. Bleibe beständig. Konzentriere dich auf den Haaransatz, die Augen, die Nase, den Mund usw. sowie auf Schmuckstücke, falls die Gestalt welche hat. Nimm solche Details in dich auf, als wenn du ein schönes Gemälde, eine Skulptur oder ein auserwähltes Stück Porzellan betrachtest oder als ob du ein kostbares Juwel von hohem Wert in der Hand hältst. Folge der Form bis herab zu den Füßen, sehr, sehr langsam, und falls sich der Geist entschließt loszufliegen, jage ihn mit einem kurzen Mantra deiner Wahl zurück. "Om"ist das Mantra für jene, die eine höhere Bewusstseinsebene erreichen wollen, doch benutze einfach ein Mantra, das dir leicht über die Lippen kommt. Beginne wieder da, wo du zögertest, falls nötig, auch ganz am Anfang! Zehn Minuten sind wirklich lange genug, um sich auf das Bändigen des fliehenden Geistes zu konzentrieren. Beginne mit nur einigen wenigen ruhigen Minuten, bis du einige Ergebnisse erzielst. Versuch nicht, sofort einem Heiligen nachzueifern! Vergangene Leben entscheiden normalerweise über die Heiligkeit, doch ist dieser Zustand auch für jene erreichbar, die echte Anstrengungen unternehmen.

Entsprechend ihrer Veranlagung wurden einige als Tatmenschen geboren, und ihr Geist stürzt sich auf das Tun (*karman*). Deshalb werden die wandernden Gedanken auch durch regelmäßiges Wiederholen des Namens der von dir gewählten Form im Geiste besänftigt. Der Herr in deinem Herzzentrum beginnt sich zuerst als Frieden zu manifestieren, der die körperlichen Bewegungen beruhigt und Süße und innere Ruhe gibt.

Falls du lieber Gebete mit bestimmten Zeremonien verrichtest: Wenn du dich auf das konzentrierst, was du sagst und tust, wirst du ebenfalls unendlichen Frieden finden, Ruhe, anwachsende Unterscheidungskraft, ein Wachsen in der Liebe und Süße zu Gott und zu allem anderen.

Nach dem Wörterbuch heißt Konzentration, "die Aufmerksamkeit oder Gedanken bündeln, sie auf einen Punkt bringen." Nachdem du die Trümmer der vergangenen und gegenwärtigen Gedanken sowie der Wünsche und Impulse beseitigt hast, beginnt die Leinwand des Geistes klar zu werden. Du siehst viel Licht, einige heilige Gestalten werden sichtbar, alles in einer bezaubernden Szenerie, voll Frieden und Süße. Dann kommt der Herr oder der erwählte Heilige und schaut kurz herein, ob du vorankommst. Dies ist der Lohn für den sich klärenden Geist.

Wenn du dich in einem kriegerischen Tauziehen mit deinem widerspenstigen Geist befindest, sprich streng zu ihm! Sag ihm, er solle ruhig sein, bis du eines Tages durch deine Anstrengungen die Tür zum Geist durch deinen eigenen Willen schließen kannst; dann kannst du damit beginnen, die transzendentalen Gipfel eines höheren

Bewusstseinsstadiums zu erklimmen. Wenn dies erreicht ist, verlässt es dich nie oder verschwindet, es kann sich nur ausdehnen und eins werden mit Sai Ram.

"Nicht viele hören von Ihm, und von diesen erreichen Ihn nicht viele. Wunderbar ist der, der über Ihn lehren kann, und weise ist der, der gelehrt werden kann. Wunderbar ist der, der Ihn erkennt, wenn er gelehrt wurde."

Katha-Upanishad

Gebet

O Herr, lass meinen Geist werden wie
deinen, meine Ohren hören wie deine,
auf dass ich sehen mag wie du
und handeln wie du,
jede Handlung voller Liebe.

Aus der *Bhagavadgítá*, übers. v. Chidbhavananda aus den Upanishads, übers. v. Juan Mascaro

Lesehinweise für jene, die einen höheren Bewusstseinszustand erreichen wollen: Upanishads, Bhagavadgítá, Patanjali's Yoga Sutras, Narada Bhakti Sutras, Sri Krishna, Darling of Humanity (A.S.P. Ayyar).

»Wenn einer Ihn in diesem Leben
sieht, bevor der Körper stirbt,
ist er frei von aller Fesselung.
Falls nicht, wird er wiedergeboren
und stirbt wieder – in neuen Welten
und neuen Schöpfungen.«

Katha-Upanishad

8 Der Baum der Erkenntnis von Gut und Böse und "dessen Früchte"

Viel wurde in Tausenden von Jahren geschrieben und in den Schriften der meisten Hauptreligionen wird über einen Baum berichtet, der als Symbol im Leben des Menschen steht, als ein Führer bei seinem Aufstieg zu seinem hohen und rechtmäßigen Stand.

Wofür steht dieser symbolische Baum?

Die Bibel sagt im 1. Mos. 2, 16-17:

"Und Gott der Herr gebot dem Menschen und sprach: 'Du sollst essen von allerlei Bäumen im Garten; aber von dem Baum der Erkenntnis des Guten und Bösen sollst du nicht essen; denn an dem Tag, an dem du davon isst, wirst du des Todes sterben'."

Im 1. Mos. 3, 3-5 lesen wir:

"Aber von den Früchten des Baumes mitten im Garten hat Gott gesagt: 'Esst nicht davon, rührt sie auch nicht an, dass ihr nicht sterbet.'"Der verführende Geist (Teufel oder Schlange, wenn du willst) innendrin antwortet: "Ihr werdet mitnichten des Todes sterben, sondern Gott weiß, dass an dem Tage, an dem ihr davon esst, eure Augen aufgetan werden, und ihr werdet sein wie Gott und wissen, was gut und böse ist."

Für die Früchte der Arbeit eines Menschen muss gezahlt werden (für die guten wie für die schlechten Taten). So beginnt das Rad von Tod und Wiedergeburt.

Wiederum lesen wir von einem anderen Baum, dem Baum des *samsara*, in der *Uddhava-Gita*, Kap.7, 21-23:

"Dieser Baum ist uralt, sein Wesen ist Aktivität, und er bringt Blüten und Früchte hervor (diese werden Erfahrung und Befreiung oder, in einfachen Worten, das Tun und dessen Früchte genannt).

Er hat zwei Keimlinge:
Glück und Elend, Tugend oder Laster,
die Wurzeln:
unzählige Wünsche,
den Stamm:
die drei Grundeigenschaften (*guna*):
sattva, rajas und *tamas,*
die Hauptzweige:
die fünf Elemente,

die kleineren Zweige:
die zehn Organe des Körper,
dazu den Geist,
Setzlinge:
die fünf Sinne und
die Vögel auf dem Baum:
jíva und *paramátman*.

So sei beständig und wachsam, zerschlage mit der Axt der Erkenntnis deine Gier nach den Früchten deiner Taten." Fälle diesen Baum. Iss nicht die Frucht, wenn du den engen Pfad zur Erkenntnis deines wahren Selbst beschreiten willst. Was heißt das?

Wenn du anderen dienst, ihnen Geschenke machst oder gute Taten an deinen Mitmenschen verrichtest, erwarte weder Lohn noch nimm ihn an, denn wenn du dies tust, verrätst du den Zweck deines *sádhana*. Welchen Sinn hat es, die Früchte deiner Bemühungen einzusammeln, indem du laut deine Dienste lobst, die Großzügigkeit deines Herzens usw. und den ersten Platz bei der Sitzordnung, Lob, Gaben und Ähnliches für deinen Dienst am Nächsten (*sevá*) erwartest? Das ist nur ein hohler Lohn im Jetzt, in dieser Welt. Es ist wie die Versuchung Evas und bestenfalls ein Egotrip!

Eine der schwierigsten Tugenden, die man besitzen sollte, ist die, bescheiden und zurückhaltend in seinen Bemühungen zu sein. Das Wörterbuch sagt, die Worte "bescheiden"und "Bescheidenheit" bedeuten eine Geistesverfassung oder -haltung.

Eine kurze Geschichte dazu. Ein Priester hielt in einer kleinen Kirche eine Missionsrede, und zu der großen Weisheit, die er vermittelte, gehörte folgende. Er sagte, ein Freund sei gelobt worden für wertvolle und verdienstvolle Arbeit, die er verrichtet hatte. Als ihm gedankt wurde, sagte der Mann: "Euer Lob ist wie Wasser, das an den Federn der Ente herabläuft." "O ja", sagte sein Freund, "aber lieben die Enten es nicht über alle Maßen?"

Und wieder lesen wir im Evangelium des Lukas, Kp. 14: "Als Jesus sah, wie die Gäste sich den besten Sitzplatz bei der Hochzeit erwählten, sagte Er, der Herr: Wenn du eingeladen bist, so setze dich nicht obenan, dass nicht etwa ein Vornehmerer als du kommt und der Gastgeber sagt: 'Mach diesem Mann Platz!', und du musst dann voller Scham untenan sitzen. Sondern wenn du geladen wirst, so gehe hin und setze dich untenan, so dass der Gastgeber sagen wird: 'Freund, rücke hinauf!' Denn wer sich selbst erhöht, der soll erniedrigt werden, und wer sich selbst erniedrigt, der soll erhöht werden."

Um jene vornehme spirituelle Eigenschaft zu erlangen, muss man lernen, bescheiden zu sein und nicht die sehr verführerischen Belohnungen von Namen und Ruhm anzunehmen. Lob zu verlangen führt nur zu einer erneuten Runde von Tod und Wiedergeburt.

ॐ

»Wenn alle Bande, die das Herz binden, übergeben sind, dann wird ein Sterblicher unsterblich; dies ist eine heilige Lehre.«

Katha-Upanishad

9 Göttliche Liebe, höchste Liebe, reine Liebe

"Und in dem Einen erwachte Liebe, Liebe, der erste Keim der Seele. Diese Wahrheit fanden die Weisen in ihren Herzen."

Rigveda X, 129

"Durch die Liebe erkennt er (der Mensch) mich in Wahrheit, wer ICH BIN und was ICH BIN. Und wenn er mich in Wahrheit erkennt, geht er ein in mein Sein."

Gítá 18/55

"Außer Allah hast du weder Freund noch Helfer. Dein Gott ist der Gott; es gibt keinen Gott außer Ihm, dem Gnadenreichen und Barmherzigen."

Der Koran

Das ist Gott, das Zentrum unseres Herzens, den wir lieben können und dessen Liebe wir auf überaus wundersame Weise fühlen können; und wenn durch die Liebe die Nähe des Menschen zu Gott zustandegekommen ist, dann sieht der Mensch Gott in allem und alles in Gott. Das ist reine Liebe. Diese Liebe ist unerklärbar, alles umfassend, das Subtilste des Subtilen, und sie schwingt als unendliche Freude, ewig, unwandelbar und jenseits aller Beschreibung.

Der Sufi Sadi sagt: "In dieser Welt fühle ich mich freudenvoll, weil Er, der alles ist, die Quelle der Freude ist. Ich liebe die ganze Schöpfung, weil er der Schöpfer ist."

Der Herr Caitanya verströmt Seine Liebe mit folgenden Worten: "Ich bete nicht um Reichtum, ich bete nicht um Ehren, ich bete nicht um Vergnügen, nicht einmal um die Freude an der Poesie, ich bete nur, dass ich mein ganzes Leben lang voller Liebe sei, dass ich die reine Liebe habe, um dich zu lieben."

Diese Liebe muss völlig unbefleckt von irgendeiner Form von Selbstsucht oder Ego sein! Das Wort "selbstsüchtig" wird definiert als ein Mangel in Bezug auf andere, ausgelöst durch den Wunsch, bei allen Bemühungen dem Eigeninteresse zu dienen.

Ein reiner Geist ist die Grundlage reiner Liebe. Die Maitrí-Upanishad definiert "das Überqueren des *samsára* mit folgenden Worten: 'Das Durchschreiten des Lebens findet im eigenen Geist statt;

deshalb halte deinen Geist rein, denn wie ein Mensch *denkt*, so wird er. Das ist das Geheimnis der Ewigkeit."

Solange man sich im "Ich-und-Mein"-Zustand des Geistes befindet, kann man niemals die göttliche Liebe erreichen, da man so angefüllt ist mit Wünschen, da es an der Konzentration mangelt und man voll ist von seinem individualisierten Ego. Deshalb ist reine Liebe ein Geisteszustand. Der Zustand DEINES GEISTES, nicht der irgendeines anderen! Emotionale Liebe bindet; sie ist eine selbstsüchtige Liebe mit einem Motiv dahinter. Reine Liebe ist selbstlos und ohne Motiv. Was verstanden werden muss, ist, dass die emotionale Liebe nur ein blasser Schatten der reinen Liebe ist.

Die Liebe, die eingeschränkt ist durch Erwartungen - wie die Liebe des Ehemannes, der Ehefrau, der Kinder, die Liebe zum Heim und zum Besitz, die Liebe zur Stellung in der Gesellschaft oder in der Geschäftswelt, die unzähligen anderen Lieben und Verhaftungen, die man für seine Bequemlichkeit braucht (sexuelle Beziehungen, das Ansammeln von Eigentum, die Liebe zu Ruhm und Namen) - die Liste ist endlos: All dies verbirgt das göttliche Licht der reinen Liebe und Freude. Es gibt keine Begrenzungen für jene Verhaftungen; und Besitz ergreifende Liebe, die so oft gepflegt wird, stammt aus anderen vergangenen Leben.

Jesus sagt: "Liebe deinen Nächsten wie dich selbst", und liebe mit selbstloser Hilfsbereitschaft, wie du sie dir für dich selbst wünschst.

Die Svetasvatara-Upanishad stellt fest: "Die Seele ist weder Mann noch Frau; wenn die Seele in einen Körper geht, dann ist die Seele durch jenen Körper gebunden."

Behandle alle gleich, erwarte keinen Lohn. Liebe sollte gebend sein, ohne Bedingungen, unbefleckt, ohne verborgene Klauseln, die in Druckschrift ins Herz eingeprägt sind; kein Hass, keine Eifersucht, kein Neid oder Zorn sollte in diesem Reich der Lieblosigkeit sein. Die Maitriî-Upanishad sagt: "Der Geist sollte im Herzen festgehalten werden, solange er noch nicht die höchste Spitze erreicht hat. Dies ist Weisheit. Dies ist Befreiung." Diese Definitionen werden für die Erlangung der reinen Liebe gegeben, wenn man in der eigenen Ausweitung alle lebenden Dinge als eins ansieht und Teil jener universellen Liebe wird! Die höchste göttliche Liebe, Liebe ohne Vorbehalte!

Die Maitrí-Upanishad stellt fest: "So wie das Wasser eins wird mit dem Wasser, das Feuer mit dem Feuer, die Luft mit der Luft, so wird der Geist eins mit dem Unendlichen Geist und erlangt die endgültige Freiheit."

"Göttliche Liebe, die alle Liebe übersteigt,
Freude des Himmels, zur Erde komm herab!
verankere in uns deine bescheidene Heimstatt;
und kröne alle deine Gläubigen mit Gnaden."
Charles Wesley (1701-88)

»Der Klang des brahman ist Om,
und das Ende des Om ist Stille.
Es ist die Stille der Freude. Es ist das
Ende der Reise, wenn Furcht und
Sorgen nicht mehr sind.

Beständig, bewegungslos, unfehlbar,
immerwährend, unsterblich wird es
der Allgegenwärtige Vishnu
genannt. Um das Höchste zu errei-
chen, betrachte in Anbetung den
Klang und die Stille des brahman,
denn es wurde gesagt: »Gott ist
Klang und Stille. Sein Name ist Om«.
Erlange daher die innere Betrachtung.
Kontempliere in Stille über Ihn.«

Glossar

adharma — das Fehlen von Rechtschaffenheit und Tugend, das Gegenteil von dharma, ein Zustand, der durch Unkenntnis entsteht; in ihm dominieren Trägheit und Gier.

Arjuna — rein, makellos; Name einer der fünf Pándava-Brüder, ein Freund und Schüler Krishnas.

avatára — (dt. Avatar) wörtl. Herabkunft; das Erscheinen Gottes auf Erden in einer von ihm frei erwählten Form, was dazu dient, den Menschen den rechten Weg zu weisen.

bhagavadgítá — wörtl. “der Gesang des Erhabenen”, Name eines Ausschnitts aus dem 13. Buch des Mahábhárata; die Gítá, wie sie auch kurz genannt wird, ist ein philosophisches Ehrgedicht, das von vielen Menschen als heilige Schrift betrachtet wird.

bhárata	Name eines Königs und Heiligen; seine Nachkommen hießen bháratas, deren großen Kampf das berühmte Epos Mahábhárata schildert. Nach ihm wird auch heute Indien Bhárata genannt.
brahman	das Allumfassende, das Universelle, das alles durchdringende, göttliche, namenlose, formlose, ewig, absolute, innewohnende Prinzip.
dharma	die Pflicht des Menschen, Moralkodex, Rechtschaffenheit, Ordnung, Gesetz; die Form höherer Lebensführung; bereit sein, den Geboten des Gewissens zu folgen.
guna	Eigenschaft, Qualität; Grundeigenschaft; zu den drei Grundeigenschaften gehören sattva, das Reine, rajas, die Aktivität, und tamas, die Schwere und Unbeweglichkeit.
jíva	die individuelle Seele, Wesenheit, Person; der Mensch, der mit den Beschränkungen des Körpers und der Sinne verknüpft ist.

kaliyuga — (dt. Kaliyuga) das eiserne Zeitalter, das vierte nach der indischen Zeitrechnung; es ist das Zeitalter, in dem wir heute leben. In diesem letzten der vier Weltzeitalter erreicht das soziale und geistige Leben den Tiefpunkt.

karman — Tätigkeit, Handlung; die Summe allen Tuns eines Individuums in diesem oder in früheren Leben; vollbrachte Handlungen, die über den gegenwärtigen Stand unserer Lebensumstände entscheiden; die Kette von Ursache und Wirkung in der moralischen Welt.

kaurava — Nachkomme der Kurus; gemeint sind insbesondere die 100 Söhne des Dhritirashtra, die durch List die Pândavas aus ihrem Reich vertrieben; in der Schlacht von Kurukshetra gewannen die Pândavas ihr Reich zurück.

Krishna — schwarz oder dunkelblau; Name einer vollkommenen Inkarnation Gottes. Er steht in der Reihe der Avatare Vishnus an achter Stelle und soll in der Übergangszeit zum dunklen Zeitalter (ca. 3.100 v. Chr.) auf Erden geweilt haben. In der Mahâbhârata ist Krishna eine hervorragende Gestalt, berühmt sind seine Unterweisungen in der Bhagavadgítá.

mantra (dt. Mantra) heiliges Wort oder Gebetsformel, ein Klang, eine mystische Formel, die für die spirituelle Erleuchtung wirksam wird, wenn man darüber meditiert. Die regelmäßige Wiederholung des Mantras läutert das Denken und führt schließlich zur Verwirklichung Gottes.

máyá Täuschung, Illusion, Schein; das schöpferische Prinzip, das den allerersten Wunsch hegte, sich zu vervielfältigen; der Urwunsch, der sich ins Universum ausdehnte.

Om Repräsentation des Urklangs, der ersten Schwingung der Schöpfung, der Essenz des veda; der lautliche Ausdruck der Urschwingung, aus der das Universum hervorgegangen ist.

pándava — die fünf Söhne von Pându, dem König von Hastinápura, dem Reich, um das der große Krieg des Mahábhárata entbrannte.

paramátman — die universelle Seele, aus der alles hervorgegangen ist, in der alles existiert, in die alles einmündet.

prakriti — Natur, Urnatur; die Urmaterie, aus der das Universum besteht; sie ist ein ewiges Prinzip und schafft die Welt des Denkens und der Erscheinungen.

Prashánti Nilayam — Ort des höchsten Friedens; Name des Haupt-Ashrams von Shri Sahtya Sai Baba, der an seinen Geburtsort Puttaparthi angrenzt.

rajas — Ruhelosigkeit, Wagemut, Leidenschaft; eine der drei gunas.

rigveda — das in Versen niedergelegte Wissen über die göttliche Uroffenbarung; die älteste der vier vedischen Textsammlungen.

sádhana — spirituelle Praxis, Widmung aller Tätigkeit an Gott.

sai ram — ein Name für Sai Baba - mit der Bedeutung, dass dieser Sai-Avatar nicht vom Ráma-Avatar verschieden ist. Dieser Name wird von seinen Schülern oft als Grußformel verwendet; seinem Wesen nach ist er ein kurzes Gebet.

samsára — Wanderung, die Flut des Wandels; der endlose Kreislauf von Geburt und Tod.

sattva — Natur, Leben; Güte, Tugend; innerhalb der drei gunas ist sattva die Qualität der Ausgewogenheit, der Reinheit und Klarheit.

sevá — Dienst, Hilfe, Dienstbereitschaft; Dienst am Nächsten.

swámi — (dt. Swami) Herr, Meister; selbstverwirklichter Meister; Ehrentitel für spirituelle Persönlichkeiten.

tamas — Finsternis, Verblendung, Trägheit; eine der drei gunas.

upanishad (dt. Upanishaden) das Sitzen zu Füßen des Meisters, um die vertrauliche Lehre über die eigentliche Identität des Menschen zu empfangen; Bezeichnung einer Klasse heiliger Schriften. Sie bilden den Schluss des offenbarten Teils der Veden und werden zusammengefasst als Vedánta bezeichnet. In den Upanishaden wird keine einheitliche Philosophie gelehrt, sondern es werden in lebendigen Dialogen zwischen Lehrer und Schüler existenzielle Einsichten gewährt.

veda (dt. Veden) Wissen, heilige Lehre, Texte, die nicht menschlichen Ursprungs sind, sondern göttlicher Autorität zugeschrieben werden.

vishnu der alles Durchdringende; der höchste Herr; er wird als zweiter in der Dreiheit Brahmá-Vishnu-Shiva gezählt und gilt als Erhalter der Schöpfung, der überall gegenwärtig ist.

226 Seiten,
m. 8 Farbs., brosch.
€ [D] 12,90 /
sFr 23,50
ISBN 978-3-923781-65-2

Professor S. P. Ruhela

Sri Sathya Sai Baba

Leben, Lehre und Werk

Die Zahl der Anhänger von Sri Sathya Sai Baba wird auf weltweit 100 Millionen geschätzt. Was macht seine spirituelle Dimension und Attraktivität aus? Warum beten ihn viele als Gott oder göttliche Inkarnation (Avatar) an?
Dieses Buch enthält neben einer vollständigen Biographie seines Lebens viele seiner Prophezeiungen über die Zukunft.

386 Seiten, gebunden
€ [D] 10,90 / sFr 19,70
ISBN 978-3-923781-79-9

Sai Baba

Das goldene Sai Baba Buch

Gedanken für jeden Tag

Für jeden Tag des Kalenderjahres ist ein weiser Spruch von SAI BABA abgedruckt, der als Leitgedanke für den betreffenden Tag dient.

208 Seiten, gebunden
€ [D] 16,90 / sFr 30,10
ISBN 978-3-89845-037-9

Georg Schmertzing

Kraftfeld Herz

Die neue Herz-Kultur

Wir werden als Menschen erst dann eine nächste Bewusstseinsstufe erreichen, wenn wir das Herz als Zentrum des Lebens, des inneren Wissens und intuitiven Erkennens entdecken. Vom Leitorgan Hirn, das vergeblich versucht hat, Verstand und Emotion zu verbinden, heißt es endlich auf die Wesensmitte umzusteigen: Aus dem „Kraftfeld Herz“ verbindend zu denken, zu fühlen und zu handeln ergibt jene neue Lebensqualität, nach der wir uns alle sehnen.
Der Autor bündelt Informationen und Fallbeispiele aus aller Welt zu einem Buch des „neuen Herzens“ – für Menschen, die sich für eine neue, befreite Welt entschieden haben.

192 Seiten, gebunden
€ [D] 16,90 / sFr 30,10
ISBN 978-3-89845-010-2

Anneliese Seebacher

Damit die Liebe wieder fließen kann

Neue Harmonie in der Familie

Dies ist ein Buch über die Liebe, über Liebende und Nicht-mehr-lieben-Könnende. Es handelt von der großen Sehnsucht nach Liebe, die wir alle kennen, und den tiefen Schmerzen, die oftmals mit den Erfahrungen von Liebe einhergehen.
Viele Menschen machen die Erfahrung, dass Liebe weh tut. Warum ist das so? Wie gehen Eltern mit dem Kind um? Was denken sie über die Liebe und wie begegnen sie einander? Diese Prägungen wirken sich auf unser späteres Liebes- und Beziehungsleben aus – Finden Sie hier die Antworten!

192 Seiten, broschiert
mit 8 farb. Abbildungen
€ [D] 8,95 / sFr 16,50
ISBN 978-3-89845-063-8

Mary Olsen Kelly

Der Pfad der Perle

Entdecke deine inneren Schätze

Perlenaustern, die einen Fremdkörper nicht ausscheiden können, verwandeln ihn in ein schillerndes Kunstwerk der Natur. Dieser kleine Schatz beschreibt einen parallelen Weg im menschlichen Innenleben.
Im Pfad der Perle lädt uns Mary Olsen Kelly dazu ein, unser Leben nach den sechs Kriterien zu betrachten, nach denen Juweliere Perlen beurteilen: Form, Größe, Farbe, Glanz, inneres Licht und Vollendung. In diesem Buch lernen wir nicht nur unsere verschiedenen Facetten zu erkennen und zu akzeptieren, sondern uns auch über all die Schätze zu freuen, die wir durch die Überwindung der Probleme unseres Lebens gewonnen haben.

64 Seiten,
durchg. farbig
gebunden, 15 x 15 cm
€ [D] 9,90 / sFr 18,10
ISBN 978-3-89845-024-9

Elisabeth Kübler-Ross

In Liebe leben

»In Liebe leben« ist die Essenz der Erfahrungen und Erkenntnisse der weltberühmten Ärztin und Sterbeforscherin Elisabeth Kübler-Ross. Durch ihr eigenes außerkörperliches Erlebnis und die Begleitung vieler Sterbender konnte sie Millionen Menschen die Angst vor dem Tod nehmen und die Bedeutung unseres Erdenlebens vermitteln.
Ein lichtvolles, liebevoll illustriertes Geschenkbüchlein, das uns daran erinnert, was das Wichtigste in unserem Erdendasein ist: »In Liebe leben«.

224 Seiten, broschiert
€ [D] 12,90 / sFr 23,50
ISBN 978-3-931652-85-2

Theo Fischer

Das Tao der Selbstfindung

Dieses Buch vom Autor des Bestsellers „Wu wei - die Lebenskunst des Tao“ ist eine Lektion in Sachen Hinwendung zur Wirklichkeit. Wer den Mut aufbringt, sich dem objektiven Zustand seines Lebens ehrlich und rückhaltlos zu stellen, wird erleben, dass er damit den Kraftschluss herstellt, der jene Energien freisetzt, mit denen er seine Probleme lösen kann.

116 Seiten, broschiert
€ [D] 9,90 / sFr 18,10
ISBN 978-3-923781-34-8

Theo Fischer

Wu Wei – Lebenskunst des Tao

Die Antwort auf alle Probleme unseres Daseins ist unfassbar einfach

Wer je im Leben eine tief greifende Existenzkrise durchlebt hat, erinnert sich vielleicht, dass die Wende zum Besseren genau in der Phase eintrat, als er sich, vollkommen erschöpft, aufgegeben hatte.

Nicht mehr kämpfen, im Strom der eigenen unendlichen Kraft leben – das meint WU WEI, wörtlich: nicht handeln, nicht eingreifen, sondern uns jener kosmischen Energie anvertrauen, die Laotse einst das TAO genannt hat. Das ist die Weisheit, die dieses Buch lehrt. Mit Übungen für den Alltag.

272 Seiten, gebunden
€ [D] 14,90 / sFr 26,80
ISBN 978-3-931652-67-8

Pierre de Forêt

Die Geburt der Seele

Ihr Werden und ihr schöpferisches Potential

Ein Buch, das grundlegende Fragen des Menschen aus der Perspektive der »geistigen Welt« beleuchtet und darauf Antworten gibt, die überzeugen und tief beeindrucken. Das Eingebundensein des Menschen in das umfassende Ganze wird deutlich und vermittelt der Leserschaft ein völlig neues Selbstbildnis.

44 Karten,
Format 10 x 8,5 cm
€ [D] 14,90 / sFr 28,20
ISBN 978-3-89845-120-8

Toni Carmine Salerno

Liebesorakel – Amors Botschaften

Ein Bild sagt mehr als tausend Worte – nach diesem Motto wurde auch das Kartendeck aus Reproduktionen der visionären Bilder des Künstlers Toni Carmine Salerno gestaltet. Mit 44 bewegenden Karten, die inspirieren und Führung in Herzensangelegenheiten anbieten, umfasst es all die vielen verschiedenen Aspekte von Liebesverbindungen und bietet überdies einen intuitiven Zugang zur Arbeit mit Beziehungen.
Das Kartendeck kann allein oder zu zweit gespielt werden.